大丈夫だよ、
すべてはうまく
いっているからね。

斎藤一人
Hitori Saito

サンマーク出版

もう、心配しなくていいよ。

はじめに

世の中の人を大別すると、「大丈夫な人」と「大丈夫じゃない人」に分かれます。なぜ「大丈夫な人」と「大丈夫じゃない人」がいるかというと、「大丈夫じゃない人」は〝大丈夫だ〟ということがわからないからなんです。

もちろん、多くの人は大丈夫なときもあれば、大丈夫じゃないときもあると思います。でも、もしあなたが**「自分の人生はうまくいっている」**と思えないんだとしたら、それは〝大丈夫だ〟ということがわかっていない証拠です。

〝大丈夫だ〟ということがわかると、あなたの人生は必ずうまくいきます。ではどうすれば、この〝大丈夫だ〟ということがわかり、「自分の人生はうまくいっている」ことを実感できるようになるのでしょうか？

本書ではそれを4章に分けて説明します。

第1章では、**「そのままでいいんだよ」**ということについて話します。今の自分が「そのままでいいんだ」ということがわかれば、自分のこと、自分の人生、さらには相手のことも「大丈夫なんだ」というふうに思えてきます。

第2章では、「思い込みを捨てる」ことの重要性にふれます。私たちが「大丈夫だ」と思えないのは、多くの場合「思い込み」からくるものなんです。

そして第3章では、この世の「法則」について解説します。

この章に出てくる話は、なかなか理解できないかもしれません。でもこのことがわかってくると、「大丈夫なんだ」ということがわかるだけではなく、自分の人生を100%コントロールすることができるようになるのです。

最後の第4章では、「振動数」について説明します。「大丈夫なんだ」ということがわかり、さらに自分の「振動数」を上げていけば、あなたに起こる出来事は劇的に変わるでしょう。

この本を通じて私が伝えたいこと。それはとにかく次のことです。

「大丈夫だよ、すべてはうまくいっているからね」

このことが、1人でも多くの人の心に届くことを祈っています。

斎藤一人

大丈夫だよ、すべてはうまくいっているからね。

目次

はじめに……002

第1章

そのままでいいんだよ……011

第2章

「思い込み」を捨てよう……031

第3章

この世の〝法則〟を知る

第4章

しあわせを呼ぶ「振動数」の話

第1章

そのままでいいんだよ

一番の不幸は「大丈夫だ」と思えないこと

この世の中で一番不幸なことは、自分のことを「大丈夫だ」と思えないことです。

そしてさらに不幸なのは、まわりにその人のことを「大丈夫だよ」と言ってあげられる人がいないことなんです。

人間はもともと等しく「大丈夫」なようにつくられています。

学校の成績が悪い人でも、運動会でビリの人でも、そのままでしあわせになれるように神様がつくってくれているんです。

それを「算数ができなきゃダメだ」とか「運動神経が鈍い」とかまわりに言われているうちに、自分のことが「大丈夫だ」と思えなくされたんだよね。

それと「自分はまだまだ未熟ですよ」と思って生きるのを〝謙虚〟だと思ってるかもしれないけど、「自信満々に生きてる人が威張らない」のが〝謙虚〟

なの。「自信がない人が威張らない」のは〝卑屈〟なんです。

謙虚に生きる人と、卑屈に生きる人とでは、自《おの》ずと結果は違ってきます。それと同じで、「大丈夫だ」と思って生きている人と、「大丈夫じゃない」と思って生きている人とでは、まったく人生が変わってくるんだよ。

それで自分で思ったにせよ、誰かに思わされたにせよ、「大丈夫じゃない」と思って損をするのは自分なんです。

蕎麦《そば》屋で「カツ丼、3つ」って言えば、カツ丼が3つ出てくるの。「こんなに食べられません」って言っても、あなたが頼んだものだから、そのお代を払わされるのはあなたなんだよね。

それと同じで、天に向かって「大丈夫じゃない」って言ってると、「大丈夫じゃないこと」を引き寄せるんです。

だから、まずは自分が「大丈夫なんだ」ということを知ること。そして、まわりの人にも「大丈夫だよ」って言ってあげられることが大事なんだよ。

生まれてきた子どもはみんな「大丈夫だ」と思って生まれてくるんです。そして親も「生まれてきてくれただけでしあわせだ」って思ったんだよね。

それを「あれができなきゃダメ」とか「これができなきゃダメ」と言って育てていると、その子はだんだん、自分のことを、自分の人生を信じれなくなってしまいます。

だから、親が子どもに一番伝えなきゃいけないことは「おまえはそのままで大丈夫だよ」っていうことなんだよね。

まずは自分が「大丈夫だ」ということを知ること。そして大切な人に「大丈夫だよ」っていうことを伝えることが大事だからね。

「飽きっぽい」のは欠点ではなくて才能

「大丈夫だ」と思えない人の理由は、じつは「自分には欠点がある」と思っているからなんです。

たとえば、私はすごく飽きっぽい性格なんです。世間の人はそれを〝欠点〟だと思うかもしれませんが、私は自分の「飽きっぽい」ということを〝**才能**〟なんだと思っています。多くの人はいろんな〝才能〟を山ほど持っているのに、それを使わないで生きています。

昔、学校の先生が授業中にしゃべってばかりいる私に「おまえは〝おしゃべり〟だからダメだ」って言いましたが、私はその〝おしゃべり〟のおかげでうまくいっています。さらに、その〝おしゃべり〟のおかげで「助かりました」とか「救われました」って言ってくれる人も多いんだよね。

先生や親が「いけない」っていうのは、その〝才能〟の活かし方を知らないだけなんです。それを、誰かに「いけない」って言われたからって直そうとするけど、だいたい〝才能〟を直すことはできません。

それって直すんじゃなくて、抑えつけようとしていることになるの。

それでいつも抑えつけていると、いつかどこかで爆発してしまいます。

そうでなければ、自分のエネルギーを下げて爆発を抑えようとするんです。

そうすると、行動するのに必要な欲望とか、活動するためのエネルギーも一緒に下げてしまうことになります。

１００％のものを20％にしたかったら、自分のエネルギー全体を１００から20に落とすしかないんだよね。でもそうすると、人は無気力になってしまうんです。


誰でもそれぞれに、たくさんの〝才能〟を持っているの。ようは、どうやって活かすかなんだよ。

できないことがあると他人にやさしくなれる

私は「飽きっぽい」とか「おしゃべり」とか、すごい才能をたくさん持っているんだけど、その中の一つに「漢字を覚えられない」というのがあります。読むのは困らないんだけど、書こうとして思いだそうとすると、それが〝黒点〟の状態となって出てくるんです。

それで世間の人は「いい人にも欠点はある」って言うけど、そうではありません。

私は「自分にできないことがある」ことを知っているから、「他人にもできないことがある」ことも知っています。

だから、誰かできない人がいると「教えてあげよう」じゃなくて、「やってあげよう」と思うんです。

その代わり、自分ができないことは他人に頼んでやってもらう。私は自分にできることは軽く引き受けますし、自分にできないことは軽く頼めます。

自分にできないことがあることを知っていると、他人に「努力しろ！」って言わなくなります。それは、努力してもできないことがあることを知っているからなんだよね。他人ができないことで自分ができることは、代わりに自分がやってあげればいいだけの話だよ。

私のように「漢字が覚えられない」というのは、他人にどれだけ教えられても、自分がどれだけ努力をしてもできないことです。

そして、そういうことを私は〝才能〟だと思っています。

でも多くの人は、それを〝才能〟とは思いません。自分やまわりができることは、他人も努力すればできると思ってしまうんです。

また、多くの人は自分ができないことを〝才能〟だと思わないで、自分の最大の難点だとか、欠点だと思ってしまいます。そして、それを克服しようと努力するんです。

そんなもの克服する必要はありません。

克服する前に利用することを考えればいいんです。

漢字がわからなかったら「電子辞書」でも買えばいいし、隣の人に聞けば解決します。

そうやって自分のできることはやってあげて、自分のできないことはお願いしてやってもらっていると、「自分のいいところ」も見えるし、「他人のいいところ」も見えてきます。

そして、もっと自分にやさしくなれますし、もっと他人にもやさしくなれるんです。


欠点は克服するものではなく利用するもの。

できないことは他の人にお願いすればいいの。

宝は「クズ」の中に隠されている

「どこの会社に行っても勤まらないんです」っていう人が独立して自分の会社を始めたりすると、ものすごく成功したりします。

だから「どこの会社に行っても勤まらない」というのも才能なんです。

あなたが「才能じゃない」と思っていることに、じつはものすごい才能が隠されています。

そのことに気がつくと、目の前に「宝の山」があることがわかるんです。

私のお弟子さんになった人たちも、会社の経営を始めるときに親や兄弟から「経営者なんかになれるわけがない」って言われました。

でも、それが立派な経営者になって、地域で発表される高額納税者番付に載るぐらい利益を出せたのは、自分の才能を活かせたからなんだよね。

その才能も、まわりから見たら「クズ」のように見えるかもしれませんが、私から見たら、それは「宝」です。

だから今までまわりから「あれを直せ」とか「これをやめろ」と言われてきた人が私に会うと、私の口からは「大丈夫だよ」とか「そのままでいいからね」という言葉が出てきます。

大切なのは、**自分の才能に気づかせてあげることと、「活かし方」を教えてあげること**なんです。

「刀」というのは「柄」を持つようにできています。

「刃」のほうを持つと手が切れてしまいます。

それと同じように、「才能」も使い方を間違えると人を傷つけてしまうことがあるんです。

たとえば「短気」が人に向くと怒ったり、人を傷つけたりします。でも、短気な人って仕事が速いんです。

私も短気だから、まわりが私の仕事をしている姿を見たことがないぐらい、すごく仕事が速いんです。

さらにものすごく飽きっぽいから次々とアイデアを考えちゃうの。

だから、「勤勉」なのも才能だし、「怠けたい」と思うのも才能なんだよね。

つまり、そのままでいいんです。

そのままの自分に気づき、そのままの自分を活かす方法を考えればいいだけなんだよな。


誰もが「宝の山」を持っているんだよ。

大半の人は気づいていないし、「活かし方」を知らないの。

軽トラがフェラーリになる必要はない

お金持ちの多くは、親の後を継いだとか、親がもともとお金持ちだったというような人なんです。

中にはゼロからお金持ちになれた人もいるけれど、そういう人って割合でいうと、だいたい1000人に1人ぐらいしかいません。

じゃあ、その成功するために必要な「1000人に1人の知恵と勇気が出ますか？」っていうと、ほとんどの人は出ないんです。

それで、出ないっていうのも才能だから、そういう人は会社に勤めに行って、もらった給料の中から楽しめることを探す人なんだよね。

そういう人たちに「こうすればお金持ちになれる」とか、「こうすればできる」って言っても、それはその人たちにはできないことだし、する必要もありません。

成功した人が本を書くと「こうすれば成功できる」って言うけど、それはその人だからできた成功なんです。

体操競技の選手で「空中三回転」ができる人もいれば、普通の人で「でんぐり返し」しかできない人もいます。

それで、でんぐり返ししかできない人は、そのでんぐり返ししかできない中で、どうやってしあわせになればいいのかを考える。目の前の今歩いてる道をしあわせに歩んでいくのが一番早い出世の道ですし、その人にとってのしあわせな道なんです。

特別なことができる人もいれば、できない人もいます。そのことを知ることが本当の「精神論」なんだよね。

軽トラックって燃費がいいし、小回りもきくし、すごく便利です。

でもその軽トラックと10トントラックを比べて、軽トラに10トンの荷物を載せたら潰れてしまいますよね。

フェラーリは人も荷物もあまり積めないけれど、速いんです。だから、軽トラとフェラーリは比べるべきものではありません。

いくら軽トラにフェラーリの話をしても、軽トラはフェラーリには絶対になれませんし、なる必要もないんだよね。

軽トラックには軽トラックの良さがあって、フェラーリにはフェラーリの良さがあるんです。

本当の「精神論」とは、自分のできることを知ることなんだよ。誰かや、なにかをマネすることじゃないよ。

「知恵」や「勇気」がなくても、しあわせになれる

私は変わっています。だから、私と同じことをしてもダメなんです。

特に私は累計納税額日本一だから「どうすればそんなお金持ちになれますか?」ってよく聞かれるんだけど、私の成功法とあなたの成功法は違います。

たとえば会社を辞めるのだって勇気がいります。私のように、学校へ行かないというのも勇気がいるんです。

荒波に出ていくんだとしたら、「知恵」と「勇気」の両方が必要です。

「知恵」だけでは出ていけませんし、「勇気」だけでは無謀だからね。

それで、「知恵」も「勇気」もないんだとしたら、ないものはないんだから仕方ありません。

でも、ないからしあわせになれないかというと、そうではありませんからね。

あるものの中でしあわせになればいいんです。

「精神論」と「金持ち論」は別の話なの。

郵便局の局長よりしあわせな、郵便配達人はいます。だから「出世しようがしまいが、人はしあわせになれる」というのが精神論なんです。

それに、お金持ちになったからって、しあわせになれるとは限りません。

事業が成功しても、社員とかまわりから嫌われてる人はいます。

だから、成功者は成功者でしあわせになれる方法があって、サラリーマンにはサラリーマンのしあわせになれる方法があるんです。


手の中にあるもので、どれくらいしあわせになれるか。なにかがないと、しあわせになれないわけじゃないの。

人間は「そのままではいられない」生き物

「そのままでいいんだよ」と言うと、「それでは、人は努力しなくなる」とか、「現状を変えないと、なにも変わらない」って言う人がいるんだけど、そうではありませんからね。

なぜかというと、人間とは「そのままではいられない」生き物なんです。

人間に限らず、植物も動物も、命あるものはすべて成長します。

成長が止まったものは次の命にバトンをつなぐため、死んでいくの。そうやって、つねに成長し続けているのです。

その中でも〝万物の霊長〟たる人間は、おわりがないぐらい、どこまでも成長しようとします。

それに、肉体的な成長には限界がありますが、魂の成長には限度がありません。だから、「そのままでいいんだよ」と言われても、人はどうしても必ず成長したくなるものなんです。

逆に「そのままでいいんだよ」と〝ありのまま〟の自分を認められたとき、人は本来の長所や役割に気づき、その才能を十分に発揮できます。

私は人を啓発しようと思ったことがありません。

基本的に誰に対しても「そのままでいいんだよ」と思っているから、啓発しなくてもいいと思っているんです。


いつまでも、どこまでも成長していけるのが人間。認められたときに力を発揮する生き物なんです。

第2章

「思い込み」を捨てよう

うまくいかないのは「私利私欲」が足りないから

私たちが「大丈夫だ」と思えない一番の原因は、自分で「これじゃダメだ」と思い込んでいたり、誰かに「大丈夫じゃない」と思い込まされたからです。

その思い込みの一つに、「私利私欲はいけないこと」というのがあります。

なぜかうまくいかない人って、「私利私欲」が足りてないんです。

もちろん、「私利私欲」を持たないほうが、うまくいく仕事というのもあります。

たとえば大臣とか役人の仕事というのは〝公正〟でないといけません。だって、みんなのお金や暮らしを預かっているんだから。

ところが商売や事業というのは、自分のやりたいこと、自分の目的、自分の欲望を叶《かな》えるためにやるんです。

それが「もっと大きな成功を得たい」となってくると、自然と世間のことを考えたり、みんなのことを考えたりするようになるんです。

それを最初から「私利私欲」を抑えていたらがんばれませんし、大事なパワーなんかも出てこないんだよ。

だから「もっと洋服を買いたい」「ベンツに乗りたい」「もっとモテたい」とか、「私利私欲」を燃やしてやればいいの。


それで成功者になってくると、「みんなのしあわせのために」とか「世の中をもっとよくするために」とかって言うようになるからね。

「私利私欲で物事をやっちゃいけない」と思っている人は、欲や儲《もう》けることに罪悪感があるんです。

でも、商売っていうのはお客さんに喜んでもらわないと成り立ちません。

それで、うんと売れたほうがいいに決まっています。大勢の人が喜ぶからうんと売れるんです。

そして、うんと売れれば儲かります。儲かれば雇用もできるし税金も払えます。だからなんの問題もないんだよね。

それなのに「お金持ちは悪いやつだ」と勝手に思い込んでる人がいます。

中には確かに悪いお金持ちもいるかもしれないけれど、みんながみんなそうではありません。

「私利私欲」だけで相手やまわりのことをまったく考えないのはよくないですが、「私利私欲」に燃えながら、相手やまわりのことを尊重することもできるんです。

しあわせや成功っていうのは、結局、お互いがよくないとうまくいかないいんだよね。

欲をいいふうに使うんだよ。大きな成功を考えたら、自然とまわりや世間のために動けるようになるからね。

みんなが好きなことをやっても世の中はおかしくならない

「私利私欲が大事だよ」という話をすると、ほとんどの人が「私にも欲はあります」って言うんです。でも、そういう人の話を詳しく聞いてみると「それではまだまだ、欲が足らないなぁ」と思ってしまいます。

どういうことかというと、私は好きなことしかしません。好きなことをして、好きなことを言っているんです。

ここまでは「私も同じです」と言う人がいるかもしれません。でも私はさらに「会社にも出勤したくない」って言うんです。

そうすると「会社に出勤しないと仕事ができない」って言うけど、代わりに仕事をしてくれる人を雇えば私が行かなくても済みます。

そう言うとさらに「でも、社長が会社に行かないと社員が仕事をしない」って言うんだけど、働き者の社員を雇えば私が行かなくてもしっかり仕事をしてくれます。

「そんな都合のいいように働いてくれる人はいない」って言うかもしれないけれど、現にうちの会社は私が会社に行かなくても、みんな一生懸命働いてくれています。どんな仕事でも、その仕事が大好きな人がいるんです。

たとえば米作りでも、今なら機械化すれば何十人分の仕事を1人でやることもできます。だから何十人に1人、米作りのことを好きな人がいれば日本の米作りは成り立つんです。

「みんなが好きなことをやったら世の中がおかしくなる」って言う人がいるけど、そんなことにはなりません。

多くの人は「好きなことをするためには、なにかを犠牲にしないといけない」って思い込んでいるけど、私にしてみれば「それって欲が足りないよね」って言いたいの。

どういうことかというと、「私は好きなことをして、好きなことを言ってます」と言うと、「好きなことばかり言ってたら、他人に嫌われる」とか「好きなことやっているから、他人に嫌われたってしょうがない」って思うんです。

中には「嫌われてもいいから、自分の好きなことやるんだ」って言う人がいるんだけど、そうじゃないんだよ。好きなことをして、好きなことを言って、それで好かれる人間になればいいんです。

「嫌われてもいいんだ」って言うのは欲が足りないんだよ。

他にも「夢を叶えるためには、これをあきらめないといけない」とか「捨てなければいけない」って言うけど、それも欲が足りないんだよね。

「二兎《と》を追う者は一兎をも得ず」と思うかもしれないけど、「一石二鳥」や「一挙両得」、さらには「一網打尽」という言葉もあるんです。

とことん自分の欲を探求してごらん。好きなことを心地よくやるのって誰にでもできるからね。

自分の才能が〝どこに向いているか〟を考える

勇気のない人が「私もがんばって勇気を出そう」としても、せいぜい普通の人ぐらいになるだけで、普通以上にはなれません。

だから、そんなことより、活かすことを考えればいいんです。

短気を活かし、攻撃性を活かし、「これはここで出してもいいけど、あそこでは出しちゃいけない」とか、コントロールすれば必ずうまくいきます。

短気とか攻撃性のある人がその才能を仕事に向けると、すごく成果が出るんです。それで、仕事が忙しいときは仕事にその才能が向くけど、暇になるとそれを人に向けてしまう人がいます。

そんなときは旅行に行くとか、つねに人に向かないようにして、自分の才能を上手に使ってあげればいいんだよね。

織田信長も短気や攻撃性を仕事にだけ向けていればよかったんです。

そうすれば、明智光秀なんかにでも「おまえ、偉いな。がんばってるおまえのおかげだぞ」って言ってやれば喜んで信長のために働いて、謀反《むほん》を起こすこともなかったんだよね。

せっかく天下統一というすばらしいことを目指しているのに、「だから嫌われてもしょうがないんだ」じゃなくて、もっと欲を出して好かれようとすればいいんです。

言いたいことを言って、やりたいことをやって、それで好かれる人間になればいいんだよ。

自分の才能をしっかり理解して、うまくコントロールすること、活かすことを考えなよ。

努力家で才能のある人が犯す過ち

努力家で才能のある人は、同じように努力家で才能のある人を好みます。

そして、才能もなくて努力もしない人を見ると腹を立てるんです。

そういう人って、他人も自分と同じだと考える傾向があります。

他人の行動が自分と同じくらいにできないと、特に我慢できなくなる人が多いんだよね。

だから、ついつい「なぜ、言ったことができないの？」とか「なぜ、そんなことができないの？」と言ってしまうんです。

リーダーや上に立つ人には、必ずそれを支える人がいます。けっして1人だけでやっているわけではないんだよね。

誰かを支えている人って、例えるなら櫓《やぐら》の土台みたいなものなの。注目されるのは乗っている人だけど、支える人がいるからこそ、安全が保障されています。

だから、上の人が下の人の悪口を言ったり、欠点ばかりを指摘したりしていると、その人たちが逃げていってしまって土台がなくなり、悪口を言った人は櫓の高いところから落ちてしまうことになるでしょう。

カリスマ美容師みたいな人も、才能があって、努力もしたんです。だから、それが当たり前だと思ってしまいます。

すると、それができない人に怒ったり、腹を立てたりしてしまうんです。

でも、そんなことを続けていると、ある日お店に行ったら「誰もいなくなってた」ということになってしまいますよ。

美容室って予約を取ってくれる人がいて、髪の毛を洗ってくれる人がいて、片づけたりしてくれる人がいるからこそ、いろんなことが仕事として回っていくんだよ。

上ばっかり見ていると、そんな簡単なことがわからなくなるからね。

だから、「給料を払ってるんだから当たり前」とか「こんなことぐらい、言わなくてもやれて当たり前」じゃなくて、「ごくろうさま」とか「ありがとうね」とか「偉いね」って言って感謝をするの。

そうすると働いている人も「あのカリスマ美容師がこんな私にも感謝してくれた」って喜んでくれるんです。

どんな人でも自分のことを尊重されないと腹を立てます。そして、尊重されると誰だって嬉《うれ》しいんです。


自分の仕事がどうやって回っているのか。上に立つ人間であればあるほど、ちゃんと考えなよ。

欲を燃やしたほうが世間のためになる

「つらいことや苦しいことを乗り越えた先にしあわせがある」
「イヤなことでも、がんばれば、しあわせがやってくる」

そのようなことも〝思い込み〟なんです。

これって、日本がまだ貧しかった時代に使われていた言葉なんだよね。

昔は日本全体が貧しかったから、誰もが裕福になれるわけではありませんでした。だから、いろんなことを我慢させるために、そう言ったんです。

でも今の世の中はすごく豊かになって、特につらいことや苦しいことを乗り越えなくても、誰もがしあわせになれる時代になりました。

昔は職業も選べませんでしたし、ほしいものがなんでも手に入るのは殿様ぐらいでしたが、今は仕事も選ぶことができますし、お金を貯《た》めればなんでも買うことができますよね。

だから仕事は「食べていくため」だけのものじゃなく、「車がほしい」とか、「家がほしい」とか、「自分はこうなりたい」といった、あなたの欲望を達成させるための手段なんだよ。

織田信長だろうが徳川家康だろうが秦《しん》の始皇帝だろうが、どれだけ「世のため、人のため」って言っても、本音は自分の欲望を達成するためにやっていたんです。

この世の中は「私利私欲」で働いてもうまくいくようになってるの。たくさん儲かったらたくさん税金を払って、それが結果的に「世のため、人のため」になります。ルール違反さえしなければだけどね。

「週に1回、釣りに行くのが楽しみで」とか「仕事が終わったら一杯やるのが楽しみで」っていうのも、それはそれなりの欲望です。それが原動力となって願望が達成されていったんだよ。

それに、人は欲望を追っかけていたほうが病気をしないの。会社に行くし、辞めたくならない。そういう欲望のない人のほうが辞めたくなるんです。

釣りが好きな人って、「仕事に行かないで、ずっと釣りをしていたいな」って思うけど、現実にはそれはできないから、会社に行って、それで自分の休みの時間を使って釣りに行きます。

釣りと同じくらい仕事も精いっぱい打ち込めば、その仕事で必ず誰かの役に立つんです。

問題なのは、そういう釣りとか趣味すらない人なんだよね。

だから、もっと積極的に楽しみを見つけて、欲も燃やしたほうが自分のためになるし、それがひいては世間のためになるんです。

自分がやりたいことやほしいものを明確にするんだよ。そうすれば仕事も趣味もバランスよく動いていくからね。

楽しみがない人は、すっぱいレモン汁を飲んでいるようなもの

「大丈夫なんだ」ということがわかって受け止めることができると、いきなり自分の才能に気づく人が出てきます。そうすると、その活かし方もわかって可能性もグンと広がり、人生がもっとキラキラと輝きだすんです。

自信が持てたら、あとは、なんでもいいから「自分のやりたいこと」とか「自分の好きなこと」など、楽しいことをいっぱい考えて、それを実現させる方法を実行するんです。

この「自分のやりたいこと」や「自分の好きなこと」をするのって、例えるならレモン汁に砂糖を入れるようなものなの。

すっぱいレモン汁はそのままでは飲めないけれど、水や炭酸で割ってそこに砂糖を入れたら美味《おい》しいレモンジュースができるよね。

それと同じで、人生も、なにか楽しみを見つけると仕事でも趣味でも「がん

ばろう！」って思えるようになります。

仕事が大変でも、休みの日に楽しみが待っていたら、その大変さが軽減されるんだよね。自分が「楽しい」って思えればいいんです。

おしゃれをしたい人なら服代、旅行に行きたい人なら旅行代がかかります。絵を描くのが好きな人なら、描くのはタダでも画材が必要です。

ステキな服を買うためなら、年に1回ハワイに行くためなら、週に1回絵を描くためなら、つらい仕事もがんばれるんです。

働くのって、結局は自分の欲望を満足させるための手段なんだよね。

「月に1万円のお小遣いの中で、毎日1杯飲むのが楽しみなんだ」っていう人は、その楽しみのために仕事をがんばれます。

これが逆に「仕事をがんばるために、1杯飲んで気晴らしをしている」って言うと、まったく話は違ってくるよね。

おしゃれをするために仕事をしている。

旅行に行くために仕事をしている。

1杯飲むために仕事をしている。
絵を描くために仕事をしている。

そうすると、仕事も「楽しみの一環」になるんです。
楽しいことが人生にない人は「すっぱい、すっぱい」って言いながらレモン汁を飲んでいるようなものなんです。

自分の可能性を広げるのって、結局は自分自身なんだよね。
美味しいレモンジュースをつくりなよ。

今を楽しみ、老後もさらに楽しむ

なぜか人生がうまくいかない人の中には、休むことや遊ぶことに罪悪感を持っている人がいます。

そういう人は、楽しむことが悪いことだと思っているんです。

確かに昔は「勤勉さ」や「寝る間も惜しんで仕事をする」ことが美徳とされていました。でも時代は変わりました。

江戸から京都までの東海道五十三次を約2週間かけて歩いて行っていたときの江戸時代の常識と、東京から大阪を2時間半の新幹線で行ける現代の常識とでは違います。

昔は「人生50年」って言われていましたが、今は70歳、80歳はざらなんです。それこそ、昔と比べれば〝倍〟の年月を生きる人はたくさんいるよね。

そうなると、昔なら「この人生も終わりかな」っていうときに、今なら「これからまた、もう一生分を生きられる」ってことになるの。

夫婦でも、昔と変わらない同じ考え方だと飽きちゃって、関係に退屈さを感じてしまいます。

それと仕事もそうだけど、遊びも急には遊べません。筋肉と同じで、使わないと衰えるんです。

中には、会社を定年退職して「時間ができたから、さぁ、遊びなさい」となっても、なにをどう遊んでいいかさえわからない人もいるよね。

だからこれからの時代は今を楽しんで、老後もさらに楽しむぐらいなことを考えていないとダメな時代なんだよね。


「できるようになったらやる」じゃなくて「やれるときにやる」。いくつになっても仕事も遊びも楽しもうよ。

〝平均台の上〟から降りてみる

私たちって、「平均台の上を歩かないといけない」と勝手に〝思い込んでる〟みたいなものです。だから不安定ですし、「落ちたらどうしよう」と心配になります。でも平均台から降りても問題なんてありませんし、逆にそのほうが安定していて、安心です。

そこには、いろんな道が広がっていて、たくさんの選択肢がある。けっして「これじゃないとダメ」ということはありません。

自分が決めた道を行くと、そこに自分の新しい道が拓《ひら》けるんです。そしてその後ろにも道ができています。誰かが通った道を行くのもいいけれど、じつは誰もいない道を行ったほうが競争がないから楽なんだよ。

一見、たくさんの人がいる道のほうが正しいように思うけど、人にはそれぞれ、進むべき道というものがあります。

自分が「この道を行きたい」と心から思ってワクワクするのなら、それがたとえ〝いばらの道〟であっても、その人にとっては〝バラ色の道〟なんだよね。

逆に自分がこの道を通ってよかったからといって、その道を子どもや他人に強制するのはよくありません。

とにかく親に言われたり、先生やまわりに言われて、知らず知らずに身についた〝思い込み〟を一度捨ててみてください。

そうすれば身も心も軽くなり、目の前にすばらしい可能性が広がっていることに気づけるのです。

ゆらゆら危なっかしく平均台の上を歩くより、思いきって降りてみな。視界がぱっと広がるからね。

実際に起きないことで悩むと身体《からだ》が壊れる

悩みや心配事があるときって「大丈夫だ」とは思えないよね。

そんなときはまず、その悩みや心配事に対して、少しでもいいから自分が対処できることを考え、行動してみるんです。

もし経済的な不安があるのなら、ちょっとずつでもお金を貯めるとか、健康に不安があるなら、身体にいいものを摂《と》るようにするとか。

それで、実際に起きていないことをあれこれ悩んだり、心配したりする人がいるんだけど、これってすごく良くないんだよ。

どんな車でも、「空ぶかし」をしすぎると壊れてしまいます。アクセルというのは負荷がかかった状態ならいいんだけど、負荷がない状態でアクセルを踏み続けるとエンジンが壊れるんです。

たとえば、2トンの荷物を積める車に4トンの荷物を載せても車は走ることはできます。

でも、なにも負荷のかかっていない状態、つまりギアがニュートラルになっている状態でフルにアクセルを踏み続けるとエンジンが壊れてしまいます。

人が実際に起きてないことを想像で思い悩むのは、これと同じことなんです。

たとえば、あなたの目の前に梅干しが山ほどあって、それを一つずつ食べることを想像してみてください。

どうですか？　実際に梅干しを食べていないのに、口の中に唾液が広がりましたよね？

つまり「思い」は必ず身体に影響を与えます。

実際に起こっていないことでも不安を持つと、身体には交感神経の働きを高める物質の脳内ホルモンが分泌されて、血管が収縮するんです。だから身体の血液の循環が悪くなります。

同時に筋肉も硬直して、血の巡りも悪くなるの。

血液は身体の細部に栄養を運び、同時に老廃物を持って帰るという作業をしてくれます。これが、筋肉が硬直するとできなくなってしまうんです。

それで、悪いところ、弱いところにその毒がたまり、それが病気の原因になってしまうことがあるんだよ。

日露戦争のときに、二百三高地のような零下何度という寒さの場所で、寝ないで〝撃ちあい〟をしても、多くの人はそれが原因で病気になることはありませんでした。

それぐらい人間の身体は丈夫につくられているのに、実際に起こってないことで身体に負荷をかけ続けてると、人の身体は壊れてしまうからね。


想像力はもっといいことに使いなよ。

とにかく自分がしあわせになるイメージ。

そのためにできることをやるんだよ。

「悟り」とは〝差〟を取ること

人が悩んだり、心配して不安な気持ちになったりするのも、これも一つの能力です。

だから、その悩みや心配、不安に対して具体的に対処してみるの。

それで、対処できない悩みや心配はいっそのこと放っておくんです。すると、いつの間にかその心配や不安ってなくなっているものです。

自分でやれることを精いっぱいやっていると、まわりの人や、時間や運など、いろんなものが味方して解決してくれます。

実際、1年前に悩んでいたことや心配していたことを思いだせる人って、ほとんどいないでしょう。

「悟り」というのは、悩んだり心配しなくなることではありません。

悩みや心配事があっても、それでも「大丈夫だ」と思える心を「悟り」というのです。〝差〟を取ることなんだよね。

相手も人間で、自分も同じ人間なんだ。

能力に〝差〟があるのは、それぞれ目的が違うからなんだ。

一人ひとりの課題に〝差〟はあっても、同じように魂を成長させようとがんばっているということに〝差〟はありません。

そうやって相手との能力や姿や肌の色や使う言葉の違いなど、さまざまな〝差〟を取って、お互いの魂や命の尊さを知ることが、本当の「悟り」なんです。


いつだって大丈夫だって思えることこそが本当の「悟り」なんだよね。悩みや心配事があっても「大丈夫、大丈夫」って真剣に思ってみな。

第3章

この世の〝法則〟を知る

〝法則〟を知れば人生は変わる

この世の中には絶対的な〝法則〟があります。

私たちはこの絶対的で不変の法則があるからこそ、いろんなことを「大丈夫だ」と思えるんだよね。

たとえば「万有引力の法則」。

これは、地上では物体が地球に引き寄せられるだけでなく、この宇宙においてはどこでもすべての物体は互いに引き寄せあうことを説いています。

これがあるおかげで私たちは地上で生活していくことができるんだよね。

もし「明日、万有引力の法則がなくなったらどうしよう」なんて考えていたら、とてもじゃないけど生活していくことなんかできません。

私たちはすでに、さまざまな法則を知っています。

よく知られているものは自然科学や物理学の世界で広がってきました。

だからこそ、私たちはいろんなものをつくりだすことができて、いろんな出来事も予測をし、明日が来ることを確信するんだよね。

なにも科学や物理ほど難しくなくても、もっと身近にさまざまな法則があります。本章では、心の成長としあわせに関する法則を紹介します。

このことを知ると「大丈夫だ」ということがわかるだけでなく、自分の人生を劇的に変えていくことだってできるんです。

目に見えないけれど存在する、さまざまな〝法則〟を味方にしようね。

すべては「100%の法則」

あなたに起こる出来事。

それはしあわせなこともあれば、不幸なこともあると思います。

それらすべての出来事に対して「これは100%、自分の責任なんだ」と思えたとき、自分の人生を100%コントロールすることができるようになるんです。これを「100%の法則」といいます。

たとえば部長がいつもあなたにばかり怒るんだとしたら「部長が悪い」とみるのではなく、「私の中に部長を怒らせるなにかがあるんだ」とみる。

そういう目を持つと、「確かに部長はすべての部下に怒ってるわけじゃない」ということがわかりますし、「ならば怒られないようにするにはどうすればいいか」ということもわかるんです。

自分が何回も騙《だま》されるんだとしたら、「自分が騙されるのを見抜けない」とか、なにか騙されやすいところがあるはずです。

とにかく、この「100%の法則」は自分に起こる出来事を100%、自分の責任だとみる法則なんです。

これがもし、50%は自分も悪いけど、相手も50%悪いんだとしたら、あなたの人生は相手に50%支配されていることになります。相手が90%悪いんだとしたら、相手はあなたの人生の90%を握ってることになるんだよね。

ところが100%自分の責任だとすると、自由度も100%になります。

だから自分の人生を100%自分のために生きようとするなら、この「100%の法則」を知っておいたほうがいいのです。

人生でなにが起きても、原因のすべてを自分目線で見つめてみること。そこには学ぶべきことが必ずあるからね。

「100%しあわせだ」と思っても悪いことは起こる

しあわせというのも結局、起きた出来事に対して「100%しあわせだ」と思えるかどうかなんです。

それで、私が「100%しあわせだ」と思っていても、浮気がバレるときもありますし（笑）。つまずくときもあるし、車をこすられるときもあるの。生きているといろいろなことが起こります。

先日もちょうど、みんなでドライブをしながら、この「100%の法則」の話をしていました。どんなことが起きてもしあわせだと思えるかどうか……そんな話で車中は盛り上がりました。そして、途中でトイレ休憩をしようと思って、サービスエリアに車を寄せました。

ところが、車を降りてトイレに行こうと歩き始めたとたん、突然「ぽとんっ」と鳥のフンが私の肩に落ちてきました！　一瞬びっくりしましたが、次の瞬間になんだか笑えてきてね。

累計納税額日本一の大金持ちで、「100%しあわせだ」と思っている私でさえ、こういうことって起こるんです（笑）。

「100%しあわせだって言っていると悪いことが起こらない」

けっしてそういうことじゃないの。

いろんなことが起こるけど、なにが起きようとも、それらをひっくるめて「100%しあわせだ」と思えるかどうかが大切なんだよ。

普通の人は悪いことが起こると不機嫌になったり「ついてない」って思ったりします。

起こる出来事を100%予測するのは不可能だから、そうすると、あなたのしあわせは偶然の出来事に左右されることになるよね。

人を変えることはできませんし、起こる出来事自体を変えることもできません。変えられるのは自分だけなんです。

なにかをやって失敗しても、経験しただけ得なんです。それで、次はその経験を糧にして、うまくやればいいの。

先日もある人が「ちょっとイヤなことがあって、グチを言っちゃったんです。こんな私はダメですよね」って言うけど、そうじゃないんです。

しあわせな人でも、ついグチをこぼすことはあるの。そんなことも含めてしあわせだなと思えばいいんです。

いちいちなにかにつけて不幸だと思うクセをやめないと、しあわせにはなれないよ。

最初はね、頭ではわかっていても、なかなか「100%しあわせだ」なんて思うのは無理って人もいるよね。でも、思うの。思い続けて物事を見つめていくと、なぜ起きたのかという原因もわかってくるからね。

しあわせとは〝探すもの〟である

不幸な人って、しあわせの探し方がヘタなんです。

「アジの開き」だってつくるのに大変な手間がかかっています。そのことを思って食べると「しあわせだなぁ」と思えるんです。

水道の蛇口をひねれば水が出るのだって「しあわせ」だよね。昔はわざわざ川まで水を汲《く》みに行っていたんですから。

さらに言えば、世界には飢えに苦しんでいる人が約8億人、慢性的な栄養失調の人が約20億人いると言われています。

世界各地でいまだに紛争が起こっていて、いつ銃撃戦に巻き込まれたり、爆弾を落とされたりするかもわかりません。

それに比べれば、私たちは平和な日本に暮らせてしあわせ、生きているだけでしあわせだと思えます。

しあわせって、しあわせと思える感度が高いか、低いかなんだよね。そして「しあわせ」とは、与えられるものではなく〝探すもの〟なの。

些細《ささい》なことがあるたびに「不幸だ、不幸だ」って言う人がいるけど、しあわせな人にも不幸な人にも起こることって、そんなに変わりはありません。

それでも、しあわせと思える人のところに、しあわせって引き寄せられてきちゃうんです。完全無欠のしあわせを探してみたってどこにもないから。

神様だってね、「しあわせ」というものをくれるわけではないんだよね。「しあわせ」に変わるものをみんなにくださるんだよ。

性格だって、この世の中に完璧な人なんていません。誰にでも欠点の一つや二つはあるものなの。

細かいことを言わなければ誰だって「いい男」だし、「いい女」なんです。それを、「こういうところが良くなってくれたら」とか「ああいうところを直してくれたら」とかって言っていると、いつまでたってもきりがありません。

しあわせっていうのは、50点か60点でいいの。完璧を求めすぎると、しあわせになんかなれないよ。

サッカーが好きな人って、相手から邪魔されたりすることですら、おもしろさを感じます。だから人生も邪魔する人が現れたら「これでもっとおもしろくなるぞ」って思えると、その人の人生はますますおもしろくなるんだよね。

人って誰でも、ものすごい可能性を秘めています。それを〝ちっちゃく〟まとめようとするからダメなんです。

「ここがダメ」とか、「あそこがダメ」とか言ってると、どんどんちっちゃくなっちゃうんだよ。もっと大きく、大らかに物事を捉えていこうね。

くり返すけど「なにかがないとしあわせじゃない」ではないからね。「しあわせ」は、あなたの心の感度や感性によって決まってくるからね。

「仕事の成功論」と「心のしあわせ論」は同じ

しあわせを見つけるのがヘタな人は、商売の成功の仕方を見つけるのもヘタです。うまくいってない人って、しあわせも成功も、「見つけるもの」だと思ってないの。「与えられる」か「偶然入ってくる」ものだと思っているんです。

チャンスも「来るもの」だと思っていて、「見つけるもの」だと思っていません。ようは、日頃から〝見つけグセ〟がないんだよ。

「ご飯が食べられてしあわせ」とか「仕事ができてしあわせ」とか、しあわせを探すクセが日頃からあるかどうかなんです。

ちょっと自分にイヤなことがあっただけで「最悪だ！」って言っている人生と、「今日も朝起きられてしあわせ」って言う人生では違います。

「しあわせのタネ」を見つけられる人って、「商売のタネ」を見つけるのも上手です。しあわせな人って、いいところを見つけるのが上手なんだよね。

そういう人が「売れているお店・人気のお店」に行ったら、その店のいいところをたくさん見つけます。そしてその中で、自分でマネできることをするんです。逆に不幸な人って、悪いところを見つけるのが上手なんです。

「売れているお店・人気のお店」に行っても「あそこがダメだ」「ここがなってない」とか言って、いちいち〝重箱の隅をつつく〟ようなことをするんです。人を雇うのでも、しあわせな人は、その人のいいところを見つけて、そこをほめて伸ばそうとします。でもうまくいってない人って、悪いところを見つけてはそこを指摘して、直させようとするんだよね。

「仕事の成功論」と「心のしあわせ論」は同じなんです。

毎日の生活の中で「しあわせのタネ」探しをしてごらん。じつは毎日、たくさんのタネをいただけていることに気づくから。

しあわせは〝願い〟ではなく〝思い〟

とにかくしあわせって、なにがあっても「100％しあわせだ」と思えるかどうかなんです。イヤなことがあっても「こんなのはしあわせの一部ですから」って言える人に、しあわせがどんどん訪れます。

「ついてる人には悪いことは起きない」のではありません。ついてる人にも悪いことは起きます。ただ、起きても捉え方が違うんです。

いちいち起こることに左右されて、不機嫌になっていたら、本当のしあわせにはなれないよね。

多くの人はしあわせを過大評価しすぎてるんです。人生にはいろんなことが起きるし、いろんなことが起きないと人生はつまらないもの。

「いいことがあったらしあわせ」っていうのは〝願い〟なんです。そうだとしたら、願ったことが実現しないとしあわせにはなれないことになるよね。

でも私が言っているのは〝思い〟なんです。

いいことがあったらしあわせ。悪いことがあっても、それはしあわせの一部。

そう思うと、すべてがしあわせになるんです。

私はいつも機嫌がいいんです。それを見てよく「ひとりさんはイヤなことがないんですね」って言われます。みんなが思うようなイヤなことは私にもあるけど、私はそんなことでいちいち不機嫌にはなりません。

だって、そんなことが起こるのは織り込み済みだし、それもしあわせの一部なんだよね。それで、「豊かだからそういう気持ちになれるんですか?」って言われるけど、そういう気持ちでいたから豊かになったんだよ。

起きることに対する捉え方って、
思い続けているうちにわかってくるからね。
大切なのは思い続けること。

結果には必ず原因がある

「100%しあわせだ」

「100%自分に責任がある」

このことを理解するためには「原因と結果の法則」も知る必要があります。

この世で起こる出来事（結果）には、それを起こした原因が必ずあります。

だから、あなたに起こる出来事にも、すべてに必ず原因があって、それは100%自分にあるんだよね。

そう言われると驚く人もいるでしょう。でもね、信じられないかもしれないけれど、それは本当のことなの。

さらに、このことをもっと深く理解するためには「刈り取りの法則」も知る必要があります。

あなたがまいたタネは、あなたが刈り取らなければいけません。

他人がまいたタネを刈り取ることもできませんし、自分がまいてできたものを放棄することもできません。農業と同じです。田んぼには植えた苗のぶんだけ稲穂が実るのです。

もし刈り取りを放棄すれば、それがまた新たな因果を生むことになります。

その因果は今世だけではなく、来世も続きます。

今世で刈り取れないほど大きな因果を生んだ場合は、何世代もかけてそれを刈り取ることになるのです。

だから私たちは、つねに良いタネをまくように心がけ、悪いタネをまいてしまったときは、それをせっせと刈り取ればいいんです。

部下の失敗に対して「バカやろう！」って怒ると、あなたが〝怒りのタネ〟をまいたことになります。

怒ったらスッキリするかもしれないけれど、その怒りは必ず回り回ってあなたのところに返ってきますからね。

だから「ダメじゃないか」とやさしく言って、「次からはこうやってやるんだよ」って指導する。

それでもできなかったら「悪い。俺の教え方が悪かったんだな。次はもっと工夫して教えるよ」って言っていると、その人にも慕われ、教え方もうまくなり、みんなからも好かれる……まいたタネを自分が刈り取るのです。

このように、怒りをまくか、愛をまくかで刈り取るものが全然違ってきちゃうんだよね。

つまり「100%の法則」や「原因と結果の法則」、「刈り取りの法則」を知ると、人生を自分で100%コントロールできるようになるんです。

この3つの法則を知って、理解して実践することであなたの人生も見える景色が変わっていくからね。

法則は魂を成長させるための〝しくみ〟

では、こうした法則はなんのために存在するのか。

それを一言でいえば、「魂の成長のため」ということになります。

私たちの魂は何度も生まれ変わります。その生まれ変わりの中でさまざまな経験や体験をしながら、魂を向上させるのです。

私たちは生まれてくるとき、今世でどのような経験や体験を通じて魂を成長させるかを、あらかじめ大まかに決めてきます。親や兄弟、そして出会う人など、テーマに応じた環境を選んで生まれてくるのです。

しかし、私たちは生まれてきたと同時に今世の目的や過去世のことなど、魂の記憶を容易に思いだせなくなります。

なぜかというと、そのほうが魂の向上に役立つからです。でも、それでは目的地がわからず、道に迷ってしまいますよね。そのために魂の親である神様は、さまざまな〝しくみ〟をつくってくれました。法則もその一つなんです。
さらに言えば、性格や好き嫌いや欲も神様がつけてくれたものです。だから
それを否定するより活かすことを考えたほうが、人生はうまくいきます。
それでも人は間違ったり、迷ったりします。そんなときに神様はいろんな方
法で〝お知らせ〟をくれるんです。病気になったり、不幸になったりするのも
「それは間違いですよ」という神様のお知らせなんです。
正しくておかしなことは起きないんだよね。それがこの世のしくみなんです。
身体《からだ》の調子がおかしいというのも、どこかが間違っているからなんだし、し
あわせになれないというのも、根本的にどこか、なにかが間違ってるんです。
だから、「この不幸の先にはしあわせが……」って言うけど、その間違いを
直さない限り、しあわせにはなれないんだよ。

すべては魂が成長できるために起こるからね。

問題は悩むためにあるんじゃない

よく「ひとりさんは悩み事ってないんですか?」って聞かれるんだけど、悩み事がないのと問題がないのとは違います。

私にもいろいろと問題は起こるけど、それを悩み事とは捉えません。

そもそも、問題って誰にでも起こるんです。なぜかというと、それが魂の向上のために必要だから。

問題のない魂って、向上する必要がありません。そもそも、そういう魂は生まれ変わってこないんです。

私たちはみんな、未熟で修行が必要な魂なんです。だから失敗もするし、問題も抱えます。でも未熟ということは、完成されていないということです。だから、まだまだ成長することができます。

私たちは、問題を悩むために生まれてきたのではありません。問題を解決するために生まれてきたのです。

そして、その問題を解決したとき、魂が成長するようになっているんです。

それと、解決できない問題は出てきません。神様はあなたに解決できる問題しか与えないんです。

もしあなたが今、悩んでいるんだとしたら、それは**「魂を成長させるときですよ」**という合図です。だから「この問題で自分の魂が成長する解決策ってなんだろう」って考えてみてください。

きっとあなたの中に、その答えは隠されています。

この章で紹介した3つの法則がなんのためにあるのか……、その理由をしっかり理解するんだよ。

深いところを映しだす「鏡の法則」

自分が今世で決めてきた問題からは、絶対に逃れることができません。

だからそういう問題から一時的に逃げられたとしても、また別の、本質的に同じ問題が現れたりするんです。

たとえば、勤めていた会社で人間関係がイヤだからといって辞めると、また別の会社で同じような人間関係の問題が起こったりします。

このように人間関係でイヤなことが続くんだとしたら、それは自分の中にそうさせるものがあるんです。

「上司が私にいじわるをするんです」って言う人も、そのいじわるをされた人が上司になったときに、同じようなことをやりかねない性格だから、そういうことが起こるんです。これを**「鏡の法則」**といいます。

「自分が好意的に接すれば、相手も好意的に接してくれる」とか、「相手に対して苦手意識や敵対心を持っていると、相手もその人に対して同じような感情を持つ」というのは表面的な話で、「鏡の法則」はもっと内面的に深いところまで映しだすことがあるんです。

たとえば「威張っている人を見るとすごく腹が立つ」人というのは、自分の心の中に、人の上に立ったときに威張ってしまうという性格があるんです。

または、自分が威張りたいのを抑えてる。抑えてるから余計に、相手が威張ると腹が立っちゃうんです。

鏡は自分の姿をそのまま映してくれるよね。
あなたの中の鏡はなにを映してくれていますか。
映ったものがちゃんと見られる自分でいようね。

鏡を拭いても顔のシミは取れません

人はみな、〝傷〟を持って生まれてきます。

そして多くの場合、同じ傷を持っている親の元に生まれます。

なぜかというと、それは自分の傷に気づくためなんです。

自分が暴力をふるっちゃうような人は、暴力をふるう親の元に生まれます。

それで、「これは自分にそういうところがあるからだ」と思えばその傷も治るんだけど、「暴力をふるう親が悪い」って言ってると、それは治りません。

そしてそういう人は、自分が親になったときに同じことをやるんです。

自分の顔にシミがついてるからって、鏡を拭いてもシミは取れません。鏡を替えても取れないんです。

だから、部長がイヤだからといって会社を辞めても、また次の会社で似たような人が現れるからね。

でも鏡を見て、自分の顔の〝よごれ〟に気づいて取れば綺麗《きれい》になるように、自分の中にある傷に気づいて治せば、起こる現象も変わってきます。

部長の対応が変わるとか、相手が転勤していなくなるとか、自分が昇進して異動するというようなことが起こるんです。

鏡には自分のそのままの姿が映ります。それと同じで、自分に起こっている出来事は、自分の傷が投影されたものなんです。

だから起こった出来事を他人のせいにばかりしていると、いつまでたってもうまくいかないんだよね。

自分の鏡に映ったものをしっかり見て、気づいて対応すれば、現実の世界もおもしろいように変化していくからね。

「答え」は多数決では決まらない

自分が持って生まれた心の中の〝傷〟って、だいたいが、親や兄弟でわかるようになってます。それでもわからなかったら、会社の人間関係に出ます。ようは、わかるまで延々とそれが続くんです。

それは、まるで雪だるまをつくるときのように、転がした雪の玉がどんどん大きくなっていくのに似ています。

前世から治さなかった心の傷がどんどん大きくなって、ほとほとイヤになってようやく自分から「治そう」と思ったときに、やっとはじめて治るんです。

その問題に苦しんでいるように見える人でも、教えても治そうとしない人は、その苦しみがまだ足りないんだよ。

間違いを続けるから苦しみも続きます。我慢したからといって、なんとかなるものじゃありません。

いくら「ハズレ馬券」を握っていても「アタリ馬券」に変わらないように、ダメなものはいつまでたってもダメなんです。

世間や大勢の人が「正しい」と言ってることでも、それが間違っていることだってあります。続けていて良くならないんだとしたら、「それは間違いですよ」という合図だからね。

東大の入試問題でも、難しい問題は正解率が低いよね。でも、正解率が低いからといって答えが間違っていることにはなりません。

答えは多数決じゃないんです。あることを言っている人が多いと、そのことを正しいと思っちゃうかもしれないけれど、それを言ってる人たちが現実的に助かっていないとしたら、それを聞いて正しいと思うのはおかしいんだよ。

抱えている問題を解決できるのは自分自身だけ。間違いに気づいたなら自力で直してみようよ。

虎を捕まえるより、罠《わな》を売ったほうが儲《もう》かる

人が困難や、なにかに立ち向かおうとするときに、必ず「勇気」というものが必要になります。でも中には、その「勇気」が出ない人もいます。

それで、その「勇気が出ない人」はダメかというと、そうではありません。

勇気が出ない人は「勇気が出ない」という才能なんです。そういう人は安定を求めます。そして、その安定の中から魂を成長させる人なんです。

だからちゃんと真面目《まじめ》に会社勤めをして、そこの中でしあわせになって、そして魂を成長させればいいんです。

いくら「こうやったほうがいいよ」と言ってもやれない人は、そのことを「やれない」という才能なんだよね。

あなたの最高のしあわせのために、「やれない」とか「勇気が出ない」とかそういうことが、あなたの中に組み込まれているんです。

そういう人は自分のできることの中で魂を成長させていると、結果は必ず良くなります。「大きな目標」を追い求めるのも才能だけど、「小さなしあわせ」を追い求めるのも才能なんです。

だから、それを否定するより活かしたほうが、必ずうまくいきます。

私の話を聞くだけで、なにも行動や実践をしない人がいるんだけど、それはそういう「段階」なんです。今、その人は「聞く段階」だから、今世は聞くだけでいいの。知るだけでいいの。

行動できる人は「行動する段階」なんです。それで、行動できない人はまた来世があります。

私たちはものすごく長いスパンで「魂の修行」をしています。だから、死んでも大丈夫だし、臆病でも大丈夫なんです。

勇気がある人は虎の穴に入って、虎の子どもを捕まえてくることができます。でも勇気のない人は罠をしかけるんです。

それで、虎を捕まえに行くよりは、罠を売ったほうが安全で儲かります。

臆病だから成功できないんじゃないの。臆病は臆病を活かせばいいんです。

それを「勇気がなければいけない」「努力家じゃなければいけない」「やり始めたことは途中でやめちゃいけない」っていうのは間違いだからね。

途中でやめないで続けられる人は、それはそれで才能です。だけど、私のように続かない人もいるんです。

だから続かない人は、その「続かない」という才能を活かせばいいんだよね。

人それぞれ容姿も性格も「才能」も違うよね。持って生まれた「才能」はしっかり活かすんだよ。

川の水は山にぶつかっても穴をあけようとしない

この本でも、私は自分の書きたいことを書いています。それが出版社の人に喜んでもらえて、読者のみなさんにも喜んでもらえるんだとしたら、最高にしあわせです。それで、「どうしてそんなことができるんですか？」っていうと、それが「真実」だからです。

私は真実のことだけを大切にしながら生きてきました。それで累計納税額日本一になって、講演会をやったらどこの会場でも満員になって、おかげさまで本も売れ続けています。私の言っていることは、世間が言っていることと、かなり違うかもしれません。世間の人は「高校ぐらい卒業しておかないとダメだよ」って言いますが、私は受験することすらイヤだったんです。

川の水は山にぶつかったら穴をあけようとせず、その横を流れようとします。ようは海に着けばいいんです。私たちは魂が成長して、それで豊かでしあわせになればいいんだよ。それを世間では学校に行ってがんばって勉強して、努力してっていう方向に向けようとします。

神様は私にだけ「えこひいき」して才能を与えてくれたのではありません。みんなそれぞれに必要な才能を与えています。だから、私が漢字を覚えられないのも、それは神様が与えてくれた立派な才能なんです。

大事なのは、その才能を活かすことを考えればいいんだということです。

貧乏ならその貧乏を活かす。貧乏ということは、それだけでお金を取られたり、無くしたりする心配がありません。

それに、守るものがないんだから、保守的になる必要もないんです。なにをやっても増えるだけなんだよね。だから大丈夫なんです。

そして、それを聞いてもやる気が起きないんだとしたら、その人は会社勤めが向いてるの。そこで魂が成長する人なんです。

どんな川の水だって、ちゃんと海に行けばいいんだよ。

他人の問題を自分の問題として捉える

私はお弟子さんに対してでも「これをしたらダメ」とかって言ったことがありません。そもそも、神様はダメな人なんかつくらないんです。

たとえば、身内に問題を抱えた人がいるとします。

あなたから見たらその「問題を抱えた人」のことを「ダメな人」と思うかもしれませんが、「神様はダメな人なんかつくらない」という目でその人のことを見てみてください。そして、自分のできることで、その問題を解決する方法を考えてみるんです。

すると、それがなぜかうまくいったり、さらには同じような問題で悩んでいる人のために、そのことを本にしたら売れたりすることだってあります。

大切なのは、その問題を抱えた人を変えようとするのではなく、**自分のできることを考える**ことなんです。そして、自分にとっての問題を「イヤだ、イヤだ」というのではなく、活かすことを考えればいいの。

「活かすこと」と「直すこと」は違います。

なにか問題があったときに感情と感情がぶつかると怒りがわいてきますが、「そうだよね、わかるよ」って言ってあげればぶつかることもありません。

それで、その問題を抱えた人がその問題を直そうとするかどうかは、それは当人の問題なんです。

たとえばこの本でも、「読んでみよう」と思ってくれる人は救えるかもしれないけれど、「読みたくない」という人は、この本では救えません。

じゃあ、そういう人のことは仕方がないとか、放っておくかというと、そうではないんです。その人は別の学びがあるから、そこで必ず学ぶんです。

人を変えようと思っても変わらないからね。
まずは自分が変わってみるの。
そうすることによって問題も解決されていくからね。

人は神様のつくった最高傑作

私は昔から神様が大好きなんです。

そして、神様は〝すごい〟と思っています。

だから、そのすごい神様がつくってくれた自分は「神様の最高傑作」だと思っています。

私のまわりの人は「ひとりさんってすごい」って言ってくれますが、まわりの人に言われるまでもなく、私は自分のことを「すごいんだ」と思っているの。

そして、それと同じぐらい、まわりの人のことも「すごい」って思っています。

人はみんな、神様のつくった最高傑作なんです。神様は私たち一人ひとりに、すばらしい個性という〝才能〟を与えてくれました。

神様のすることはすべて完璧です。けっして、〝間違い〟がありません。

だから、私たちが持っている「飽きっぽい」とか「怒りっぽい」というのも、すべて神様からのギフトであり、才能なんだよね。

多くの人は自分ができないことを、神様が才能として与えてくれているのに、それを才能だと思わないで、自分の最大の難点だとか、欠点だと思ってしまいます。「神様は自分の子である人間を困らせるようなことは、絶対にしない」ということがわからないんです。

自分のことを「ありふれた人間だ」と思うから、ありふれた生き方をするんだよね。

「自分は価値があってすばらしい人間だ」と思うと、価値があること、すばらしいことをしようとします。

私たち一人ひとりが「神様のつくった最高傑作」であり、「この世にたった一つの存在」なんです。それが「くだらない人間だ」と思うと、くだらない生き方になっちゃうよ。

ちなみに、私が信じている神様は特定の宗教の神様ではなく、この宇宙をつくりだした存在のことです。だから私は特定の宗教を勧めることはありませんし、自分も特になにかを信仰しているわけではありません。

でも、だからといって人の信じている宗教を「やめろ」とは言いませんし、「こっちの神様を信じろ」とも言わないんだよね。

それぞれが信じる神様を信じて、それで〝しあわせ〟ならそれでいいんです。


みんなが自分のことを「すごい人」と思って、理解しあいながら力を合わせたら、もっとすごいことになるよね。

自分にないものは必要のないもの

自分のことを「ありふれた人間だ」とか「くだらない人間だ」と思っている人は、「自分に価値がある」ことがわからないんです。

それで、「自分に価値がない」と思ってしまうのは、他人が持っているものを「自分は持ってない」と思うからなんだよね。

「あの人は頭が良くて一流の大学を出てるけど、私は頭も成績も良くなかった」

「あの人はお金をたくさん持っているけど、私は持ってない」

「あの人は背が高くてスタイルもいいけど、私は背が低くて足も短い」

「あの人は運動神経が良いけど、私は良くない」

そうやって他人の持っているものと、自分のものを比べて「自分には価値がない」と思ってしまいますが、自分にないものは〝必要ない〟んです。

神様はその人に必要なものをくれます。

私は中卒で肩書きもなにもなかったけれど、そんな私に神様は「累計納税額日本一」という肩書きをくれました。

そのおかげで、多くの人が「累計納税額日本一の人が言ってるんだから、ちょっと聞いてみよう」と私の言うことに耳をかたむけてくれるんです。

それに、「持ってない」というのも神様が与えてくれた才能なんですね。

多くの成功者は貧しい家庭に育っています。だからお金の価値を知っているし、どうすればお金が得られるかを必死で考えました。逆にお金持ちの家に生まれた人の多くは「お金はあって当たり前」と思い、お金を得るための特別な努力をしません。あるのが当たり前だと思っているんです。

大切なのは、「価値に気づくこと」です。最近では「がんばらないと価値がない」と思っている人が多いけど、そうじゃないの。自分の価値を認めてがんばったとき、はじめてその価値が発揮されるんだよ。

この章では、この世の中に存在する
さまざまな法則の一部をご紹介しました。
どの法則にも共通するのが「自分の在り方」を伝えてくれている
という点です。そして、それらの法則から教えられるのは、
起こる出来事が、いかに魂を成長させる
学びなのかということです。
なにかを手に入れなければ、なにかが揃《そろ》っていなければ、
「しあわせ」になれないわけではないんだよね。
そのことが真理としてわかると、
人生に対する受け止め方も、自分の在り方も、
変化していくからね。

第4章

しあわせを呼ぶ「振動数」の話

※編集部注
本章は、2015年1月に行われた「斎藤一人愛弟子出陣式」での斎藤一人さんの講演内容に加筆・修正したものです。会場当日の臨場感は、付属のCDでお楽しみください。

◎成功の振動数とは？

今から、「こうやってやると成功するよ」っていう話をします。

受け入れがたい話かもしれませんが、信じたほうが得です（笑）。

じつは、成功する人はなにをやっても成功します。

成功しない人は、なにをやってもしないの。決まってるんです。

では、「成功する人と、成功しない人とではなにが違うんですか？」っていうと、成功する人っていうのは「成功の振動数」があるんです。

すべての物には固有の〝振動数〟があります。

金でも銀でも鉄でも、すべての物質はエネルギーの塊であり、固有の振動数を持っているんです。

私たち人間も、宇宙エネルギーの塊なんだよね。

物質っていうのは全部、分解するとエネルギーに変わっちゃうの。

人間の身体《からだ》はエネルギーに変えると、水爆30個できるっていうくらいエネルギーが集まったものなんです。

原子力爆弾っていうのは原子核が起こす核分裂反応を一挙にエネルギーに変えて、ものすごい爆発力を起こすものです。

これに対して原子力発電所というのは核分裂反応を徐々に起こして、そのエネルギーを熱に変えて発電するんです。

つまり原爆も原子力発電所も同じ核分裂反応を応用したもので、一挙に爆発させるか、徐々に熱を出すかの違いなんです。

そして私たちは、それ以上の宇宙エネルギーの塊なんだよね。

この話はちょっと難しいよね?

だからここは、適当に読み飛ばしてくれればいいからね。

◎振動数が下がると悪いことが起きる⁉

私がなにを言いたいかというと、人間だけが振動数を変えられるんだよ。だからワクワクしたり、楽しかったりすると振動数が上がるんです。

この振動数の高い人間は、なにをやっても成功するんです。

それから振動数を下げちゃうと変な知り合いができるだとか、よくないことが起こります。悪いことが起きたり、病気をしたり、ケガをしたり、女に逃げられたりとか（笑）、とんでもないことが起きるんだよ。

ようするに、イヤなことが全部起きるの。

よく、「部長に怒られた」とかって〝落ち込む〟人がいます。この〝落ち込む〟っていうのは「振動数が落ち込む」っていう意味なんです。

振動数が高いときっていうのは、オーラの見える人はわかるけど、オーラが外へ向くんです。

だから、イエス・キリストとか、お釈迦《しゃか》様の絵には必ず、後ろに光輪が描かれています。その光輪とは、オーラが外へ向いた結果、後光がさしたように見えるんです。

ところが落ち込んでくると光が内巻きになって、中に入っちゃうの。だから、オーラがすごくちっちゃいように見えるんです。

そうすると悪いことが連続して起きるの。

たとえば部長に怒られて落ち込んだとするよね。

他には、近所の人に悪口言われたとか、なんだっていいの。「俺はなにも悪いことをしていないのに、あんなこと言われて」って落ち込むとするじゃない。

問題は、落ち込んだ本人に悪いことが起きるの。

部長が怒ってようが、部長に起きるんじゃないんだよ。

落ち込んだ自分に悪いことが起きるの。

◎振動数の上げ方を教えます

性格は悪いのに、なぜかうまくいってる人っているんです。

そういう人を見ていると、振動数が高いのがわかります。

声がデカイとか、やたら派手な服を着てるとか。

成功するためには、性格より振動数のほうが大事なんだよ。

私の仕事はバブルが終わっても、不況が続いても、ずーっと調子が良いんだよね。なぜかというと、私はずっと振動数を下げたことがないんです。

だからみんなにも、振動数を下げないコツを教えるからね。

まず、上げる方法は、ちょっと速い乗りものに乗るとか、自分の行動を速くするの。たとえば新幹線に乗るとか、ちょっと早足で歩くとか、それからちょっと仕事を速くするとか。速いことをすると振動数が上がるの。

それから、カラ元気でいいから、嘘《うそ》でもいいから強気なことを言うんです。

たとえば「アンタ部長に怒られて落ち込んでない？」って聞かれても「全然、落ち込んでませんよ！」って言う。

さらに「だって落ち込んでるじゃない」って言われたら「あぁ。今、飛び上がろうと思って、沈んでるんですよ！」って言う。

つまり、「落ち込んでるでしょ？」って言われたときに「そうだ」って言っちゃダメなんだよ。

それで、言うとどうなるかっていうと、この世は、この地球っていう星は「行動の星」なんだけど、振動数が下がると行動ができなくなっちゃうんだよ。

だから、家から出られなくなっちゃうとか、部屋から出られないとかってなるんです。ようは、行動できる範囲が狭くなってきちゃうんだよ。

多くの人はイヤなことがあったときに、自分の振動数を下げちゃうクセがあるんです。

だから、私は人に機嫌を取らせたことがないんだよ。

いつも機嫌がいいから、振動数が高いんです。

落ち込んでいても人より高いんです。

もちろん落ち込むことはあるんだよ。波はあるの。

波はあるんだけど、波の低いときでも普通の人より高いんだよ。

多くの人が私に会いたがるのは、私と会うと振動数が上がるんです。

だから、みんな私と会いたがるの。

◎トップが落ち込むとみんなの振動数が下がる

「嫌われる人」っていうのは振動数を下げる人なんだよ。

人のことを「綺麗《きれい》だね〜」とかほめていると、ほめられたほうは振動数が上がります。だけど、人からけなされると下がるんだよね。

だから、「イヤな人」っていうのは振動数を下げる人だと思っていればいいんだよ。

ところが、私と会ってせっかく振動数が上がったのに、家に帰ると下げちゃう人がいるんです。

それで、なぜ下げちゃうかっていうと、下げることがどのくらい損しているかを知らないんです。振動数は絶対に下げちゃダメなんだよ。

たとえば、私が振動数を下げると「まるかん」全部が下がっちゃうんだよ。

だから、ここの「はなゑ隊」なら、はなゑちゃんが下げたらダメ。

ピラミッドの上と同じで、主任が下げたらその下の人が、店長が下げたらそこで働いている人全員の振動数が下がります。

だから上の人が振動数を下げるのは絶対にダメなんだよ。

◎人につられて振動数を下げてはダメ

いろいろな人が相談に来たときでも、相手に合わせて落ち込んじゃう人がいるんだよね。それで落ち込んじゃダメなの。

よく私も人の相談に乗ります。「ひとりさんファンの集まるお店」に行って、落ち込んでいる人がいたら「どうしたの？」とかって聞きます。すると「旦那がガンなんです」とか「親がガンなんです」って言う人がいるんです。

身内が重い病気にかかってつらい気持ちはわかるけど、だからといって自分の振動数を下げちゃダメなの。

これからお金もかかるし、看病しなきゃなんないし。それに、あなたが振動数を下げたからといって、その人の病気が治るわけじゃないんだよね。人につられて振動数下げちゃダメなの。

この前は、娘さんが受験でナーバスになってて、っていう話を聞きました。

まぁ、こうゆうのはどこでもあるからね。

それで、一生のうちに受験なんていうのは、高校受験と大学受験と就職とか、3回くらいしかないんだよ。

そんなときにナーバスになるのは当たり前なの。娘さんがナーバスになるのは仕方のないことなんだよ。

問題は、あなたが振動数を落としちゃダメだよ、ということなんです。

娘さんは娘さんの問題なの。それを家族の中で誰かが振動数を上げてないと、家ごと暗くなっちゃうんだよ。

今日もこの会場に１７００人か１８００人くらいの人が来てるんだけど、私は１８００人全員が暗くても平気なんです。

それに、私がみんなにつられて一緒に暗くなったってしょうがないの。

それより、みんなを私のほうに近づけて、振動数を上げて帰らせなきゃいけないんです。

◎言った人ではなく、下げた自分に悪いことが起こる

では「振動数を上げれば成功できるんですか？」っていうと、人間界では成功はできます。

だって、嫌われていたって成功してる人はいるから（笑）。

それでね、これから話すことがいい話なんです。

とにかく、振動数を上げればいいんだよ。

うちのパーティーでもそうだけど、なんであんなにデカイ声を出してるかっていうと、デカイ声を出すと振動数が上がるんです。

それに、おしゃれをすると上がる。美味《おい》しい料理食べると上がるんだよ。

だから、「みんなでパーティーをなんのためにやってるの？　なんで余興やってるの？」っていうと、みんな振動数を上げるためにやっているんだよ。

そのことがわかっていれば、「ひとりさんって、振動数が上がるようなことを一生懸命に考えてるんだ」ということが理解してもらえると思います。

でも一番大切なのは、私たちがやらなきゃいけないことは「家に帰ってすぐ下げない」ことなの。

「でも、あの人がこう言ったんです」とかって言うけど、言った人に悪いことは起きないんだよ。そのことで振動数を下げた自分に起きるんだよ。

「小学校のときに先生に言われた」って言うけど、先生はなにを言ったかなんて忘れてるよ。それを、何十年そのことで落ち込んでるんだよ。損するのは全部、自分なんだよな。

◎こうすれば「人に好かれる成功者」になれる

私は中学校しか行ってないんです。だけど、「中学校しか行ってないから」って落ち込んで振動数下げると、そのことで私に悪いことが起きます。

だから、私の場合は「早く社会に出て得した」と思ってるの。

自分の振動数が下がる〝思い方〟はいけないんだよ。

英語の成績が悪いのでも「英語ができない」って思っちゃうんだよね。

でも私は「英語はいらない」っていうことを〝見抜いた〟んです(笑)。

それだけで、ほんと振動数が全然違うんです。

「できない」と思うか「いらない」と思うかで全然違うんだよ。

そうやってとにかく振動数を上げて、ここからが〝本当の〟成功のコツだからね。

だって、せっかくみんないい人なのに、成功したって「イヤなやつ」じゃしょうがないじゃん。でも「人に好かれる成功者」ならいいよな。

あのね、人ってね、振動数を上げて「ステキな自分」になればいいの。ステキな人になるんだよ。ステキな人って価値があるんです。価値ある人間になったら、絶対にうまくいくんだよ。

サラリーマンだったら、自分を時間で売ってるんです。

働いてお給料もらうってことは、1時間にいくらって計算できるよね。1日いくら、1か月いくらとかで、会社に売ってるんだよな、自分の能力を。

それなら、自分がもらっている給料以上の価値を会社に与えたら「価値ある人」になれるよね。

ラーメン屋だとしたら、「価値あるラーメン屋」になれば、近所からだけじゃなくて、電車に乗ってまで来るっていうことになるんです。

「自分の価値を高めないで高く売ろう」っていうのは、詐欺に等しいんだよ。

車を運転しているときに、交差点でこっちも止まって、向こうも止まったとします。

そのときに親切な人っていうのはこうやってやるの。「先行っていいよ」って。

これを「どうぞ」ってこうやってやるの。

犬を追っ払ってるんじゃないんだよ。こうやってやられるより、「どうぞ」ってこうやったほうが気持ちがいいし、相手も嬉《うれ》しいんだよな。だから、ステ

人に好かれる成功者のしぐさ

「先行っていいよ」
（これって犬を追い払っているように見えるよね）

「どうぞ」
（親切な人って気持ちいいよね）

キってそういうことだよね。

会社でいつも5時までかかる仕事を5時10分前までに終えようとして、朝かちちょっとスピードを上げて仕事をする。そうすると振動数が上がるんです。

それで、10分早く終わったら上司に「あと10分あるので、なにかやることありますか？」って聞く。

それから同僚に「俺が手伝うことあるかい？」って聞いてあげるの。そうすると、振動数が上がったうえに、ステキな人になるんだよ。

◎ほめる人は希少価値が高い

ステキな人ってね、すごく価値があるんです。

みっちゃん先生も昔、自分に自信がない頃は、自分以外のみんながすごく見えました。

それで私に「あの人がこうで、すごいのよ」とかって言うんだけど、私は「みっちゃんさぁ、俺に言わないでその人に直接、言ってあげたほうがいいよ」って言ったんです。

私に言ってるだけだと、知らない人は「ただ羨ましがってる」ように思うけど、相手に直接言ってあげたらその人も嬉しいし、すばらしいことなんだよな。そうすると、ステキな人生が始まるんだよ。

みっちゃん先生は今、「ほめ道の会」の家元になって、本を何冊も書くようになりました。日本ってね、ほめる人が少ない国なの。ほめられたい人のほうが多い国なんだよ。

それで、どっちが希少価値が高いかというと、ほめる人のほうが希少価値が高いんだよな。

だから、時々ドライブに出かけたとき、サービスエリアに寄ってトイレに行って、そこで掃除をしてる人を見かけるとみっちゃん先生は「いつも掃除していただいてありがとうございます。おかげで楽しい旅ができます」なんて声をかけるの。

すると、すごく喜んでもらえるんだよね。だから、千葉のほうでトイレ掃除してる人でみっちゃん先生のこと知らない人いないから。みっちゃん先生がいると出てきちゃうんだから（笑）。いや、それくらい嬉しいんだよね。

◎思っていても言えないのは、他の人が言わないから

人をほめるってすごいよね。

ただ、この話を聞いても、言おうと思っても言えない人がいるんだよね。

ちょっとだけ厳しい話かもしれないけどさ。

「ありがたいね。おトイレ掃除してくれて」って思ってるんです。でも、「ありがとうございます」って声が出ないのは、他の人が言わないからなんだよな。

成功者ってね、つねに少ないんだよ。

人と同じことをしながら成功者になろうってできません。なにか〝違い〟がないとダメなんだよ。

「部長、がんばって僕のことをいつも、叱ってくれてありがとうございます」と思っていても言えないとするよね。

その言えない理由は、他に言う人がいないからなんだよな。

言わない人は言いたくないんだよ。

それで、なんで言いたくないかっていうと、言いたくない理由を山ほど持ってるんだよ。「おべっか使いたくない」だとか。

でも私がその人に言いたいのは「同僚もほめな」っていうの。「下の人もほめな」っていうことだよ。

上の人間だけほめてるから魅力がないんだよな。

◎ステキになるのには1円もかからない

私は「魅力のないやつになれ」って言ってるんじゃないんだよ。

利害関係のまったくないような人をほめるってステキでしょ？

このステキになるのには1円もかからないんだよ。

振動数を上げるのも1円もかからないんだよ。

だから成功なんていうのは、よく成功っていうとなんか冒険したり、「当たる」とか「ハズれる」とか、博打《ばくち》のように思ってる人がいるけど、そうじゃないんだよ。

自分がステキになるのに1円もかからないんだよ。

飲み屋さんなら、今よりステキなママさん、マスターになれば、お客さんって会いに来るんだよ。

もし、ヨン様が焼き鳥を焼いてたら絶対に来ると思う（笑）。1個2000円だって買いに来る。間違いないよ。人間って、魅力のあるところに来るんだよ。

それで私たちは魅力というものをつけに、こっちの世界に来てるんだよ。人間って魅力的になるために来てるの。ステキになるために来てるんだよね。だから、ステキになろうとしてる人って神が味方するの。

◎私たち人間は〝創造〟できる生き物

私たちは〝創造〟できる生き物なんだよ。

人間は、人間らしく生きれば誰でも成功できるの。

人間と猿が違うのは、猿が鳥を見たって「鳥だ」と思うだけだよね。鳥のように空を飛びたいとは思わないんだよ。

でも、人間だけは「空を飛びたいなぁ」って思うから飛行機をつくっちゃったり、ジェット機をつくったりすることができたの。

空を飛べる鳥だって月まで行かないのに、人間は月まで行っちゃったんだよ。

世界で一番、空を飛んでるのは人間だからね。太平洋を横断しちゃうくらいだから。

人間は創造できるんだよね。そのときに、今よりステキな自分をちょっと想像してみるんです。

私はインターネットの使い方とかわからないし、いまだにできないんだよ。だから、スイッチの入れ方もわかんないんです。

だけど、私がもしインターネットを習いに行って、スイッチ一つ入れられたら、昨日の自分より魅力的になったんだよ。

◎自分のことをほめられない人は、他人のこともほめられない

私は自分をほめられるんです。

「ひとりさんって偉いよな〜。普通、この歳で勉強に行かないけど行って、それができるようになったんだ」ってほめられるんだよ。

ところがダメな人って、ダメって言い方はいけないんだけど、すごい人と比較したりするんです。

それで、まだ自分が劣ってるようなこと言うんだよな。

それってステキじゃないいんだよ。

どうしてかっていうと、自分をそういうふうに見る人は、すごい人と比べるから自分をほめないいんです。

自分のことをほめられない人は、人のことをほめられないの。だからまず、小さいことでもいいから自分のことをちょっとでもほめるんです。

たとえば「俺、偉くなったよな〜。車で道を譲るときでも、今まではつい『行って、行って』ってやってたけど、『どうぞ』ってやるようになったんだよ」とかね、「おトイレ掃除してくれている人に『ありがとう』は言えないけど、笑顔で頭だけ下げられるようになった」とか。

自分のちょっとしたことをほめられるようになると、人のこともほめられるんだよな。

◎次に来るのは「人柄の時代」

人類はね、強いやつが勝ってる時代があったんです。なんでもいいから、強けりゃ良かった時代があったんだよ。

その次に家柄の時代が来たんです。なぜかというと、戦《いく》さっておさまっちゃうと、その後は平和になるから強いやつの値打ちが低くなるんです。だから戦さがおさまったあとは、どこの生まれかで人間の値打ちが決まった時代があるんだよな。

その次に学歴の時代が来たんです。

それで、「次は学歴の時代が終わる」って言ってるわけじゃないんだよ。多岐にわたるんだよな。

どうしてかっていうと、今はインターネットで調べると、東大の問題とかも全部入ってるんだよ。ということは、インターネットがあるだけで、東大頭と同じくらいのことができちゃう時代になったんだよね。

東大に行くことがいけないって言ってるわけじゃないんだよ。それはステキなことなんだよ。私も行かなきゃいけないと思ってるんだよ（笑）。

それで、学歴の時代が多岐にわたると、次は**人柄の時代**になってくるんです。

「この人のところで働きたい」とか「この人から物を買いたい」とか「この人

のためならがんばりたくなっちゃう」っていう、明らかな人柄の時代が来るよね。

そのときに、今のあなたステキですか?

◎正しいことを言うのは裁判官の仕事

たとえばの話だよ。

「まるかん」のパーティーのビデオを見た女の人がさ「私も社長たちみたいにステキなドレス着てパーティーに出たいわ」って言うとするよね。そして、その人が仕事もなにもしていないとします。

そうするとあなたは心の中で「それだったら働いたら?」とか思うよね?

それって正しい答えなんだよ。でも正しい答えを言うより「いや〜、あなたがそういうドレスを着たらきっと、すごいステキだよ」とか、「いきなりあんな社長たちみたいなすごいドレスじゃなくてもいいからさ、今は通販とかで似たようなのを売ってるよ」とかって言ったほうがステキだよね。

なにを言いたいかっていうと、「働いたほうがいい」とかっていうのは、まわりから言われてるんだよ。ずっと。

親から言われ、兄弟からも言われてる。自分だって気がついてるけど、働けないなにか怖さがあるんだよ。

その人がやっと心の中に火を灯《とも》してこういう夢を語ってるのに、それをバケツで水をかけて消して、「それでなにかおもしろいですか?」っていうことなの。

正しいことを言うのは裁判官の仕事なんだよ。

裁判官で出てくると「ワァ〜」っていう人気のある裁判官っているかい?聞いたことないだろ?(笑)

私たちは今まで相談されると、自分も大して正しく生きられないのに、人のことは正しく裁こうというクセがあるんだよ。

それは、正しいことを世間が言えないときには必要だったんです。

でも今は、正しい答えなんか知ってるんだよ。当人だって知ってるの。だけど、できない訳があるんだよ。

だよ。

◎人に恐怖を植えつけるのは罪なこと

振動数を、すぐに下げる人っていうのは、「そういう性格」なんじゃないんだよ。

親の代からそうやって育てられたんです。それで、親も恐怖を植えつけることが愛だって思ってるんだよ。

沖縄で女性が襲われたとするよね。

「アンタも気をつけなさいよ」と言って、さらにその娘がミニスカートなんかはいてると「足なんか出してると襲われるから」って言うけど、足を出したくらいで襲われてたら大変だよ。

そういう事件っていうのは滅多に起きないんです。

キリストが1日10人ずつと握手しても、1億3000万人と握手するのに約3万年かかるんだよ。だから、日本の人口全部と握手するのに3万年かかるんです。

3万年っていうのは、3万年のあいだに何回も何回も人って入れ替わっちゃうんだよね。

なにを言いたいかっていうと、あなたの娘さんが襲われる確率は0・000

0000…くらいの確率なの。

それを今すぐにでも起きるような、明日にも起きるようなことを言って、恐怖を与えて育てるとダメなんだよ。

柴村恵美子さんってすごく運動神経がいいから、高校もバスケットの特待生で行ってたの。

それが、恵美子さんが車の運転免許を取ったときに兄貴が「おまえはそそっかしいから」とか「事故起こすから」とかずっと言ったそうです。

すると、あんまり脅かされていると、恵美子さんよりどんくさい人が山ほど車を運転してるのに、恵美子さんは車の運転が怖くなってできなくなっちゃうんだよな。

人に恐怖を植えつけるのって罪だよ。

振動数の高い人はね、悪いことが起きないの。起きてもそのことから〝いいこと〟しか起きなくなっちゃうんです。

世間には「愛だ」と言いながら、人の振動数下げるようなことばっかりずっと言ってる人がいるんだよね。

そんな人は、そういう親に育てられたんだけど、その親もまたそういう親に育てられてるの。代々続いてるんだよな。

それで、私が何を言いたいかっていうと、親がそうでも関係ないんです。

親は言ってりゃいいの。それにつられて自分の振動数下げたら、イヤなことが起きるのは親じゃなくてあなただよって。

◎ワクワクしてるときはうまくいくとき

「どうもうまくいかないなぁ」というときに比べて「なぜかうまくいく」というときは、必ずその人はワクワクしてるんです。

嫌々働いてる人っていうのは終業する夕方5時までをすごく長く感じるの。ところが、本田宗一郎さんなんかは、気がついたら夜中の3時頃まで働いてたんです。

「大変なご苦労をなさったんですね」ってそうじゃないの。気がついたら3時だったんだよ。

「飯も食わないで働いて」って、飯はあったの。それを食うのを忘れるほど一生懸命やって楽しかったの。ワクワクしてるの。振動数が高かったんです。

それを嫌々やってたら、絶対にうまくいかないんだよ。

高校野球でもなんでも、嫌々苦労して甲子園に来る人は1人もいないんです。ただ野球が好きなんだよね。

それを「ああいう人を雇って仕事やらしたらうんと働くだろう」って言うけど、働かないの。

そういう人は一生懸命やるのが好きなんじゃなくて、ただ野球が好きなんだよ。でも、仕事もゲームのように楽しくすれば、みんなやるんだよ。

前に「圧」の話をしたことがあるんだけど、「圧！　圧！」って大きな声で言ってると、振動数が上がるから成功する確率は高いんだよ。

私たちはこれからなにかあったときに、自分で自分の振動数を上げるようにしようね。

うまくいってた人がいかなくなっちゃうのは、途中から真面目《まじめ》なことを言いだすからなんだよ。「真面目ジメジメ」といってね（笑）、振動数が下がるんです。本当だよ。

◎ひとりさん流の病気の治し方

ついでに病気の治し方も教えてあげるからね。

この話は信じなくてもいいからね（笑）。いいかい？

コインには裏と表がありますよ。それでモノにはなんでも裏と表があるよね。

それと同じで病気と健康ってね、裏表のセットみたいなものなんだよ。

ちなみに、この話は「医者に行くな」っていう話ではありません。薬も飲んでていいし、なにも変えなくていいからね。

ただ、私は心の話をしたいんです。心だけのことを言いたいんだよ。

それで、病気の人は〝病気という裏の部分〟ばっかり見てるんです。それと、病気という言葉自体、言霊《ことだま》が悪いんだけど、「自分は病気だ」って言い過ぎるんだよ。

健康になりたかったら、これをひっくり返して「私は健康です」って1日10回くらい言えばいいの。

元気になりたかったら「私は元気です」って決めつけちゃえばいいの。

人に会ったら「私は元気です。私は健康です」って言う。

ただ、医者に行って言っちゃダメだよ。「私、健康ですから」って言うと、「じゃあ、ここになにしに来たの？」って聞かれるからね（笑）。

医者に行ったときだけは事情を言っていいけど、あとはね、まわりにいる人って、親とか兄弟とか会社の人とかね。言ったって心配させるだけなの。治すことはできないの。

それで、治せない人に「病気です」とかいろいろ言ったところで、相手に心配かけるだけだよって。

それよりも「私、健康です」「絶好調です」って言ってると、心が変わってくるんだよ。

心が変われば、身体っていうのは後からついてくるんです。これが「心から治す」っていう治し方なんです。

病気の人は考え方が病気なの。病気のことを考え、病気の話をするんだよ。

それでいったい、どうやって健康になろうっていうの？

ひっくり返して言えばいいんだよ。「健康になってから言う」じゃダメなの。「私は健康です」って1日10回くらい言う。そうすると、「健康なんだ」って気がしてくる。嘘みたいだけどそういうもんなんだよ。

ようは、病気という「気」なの。元気という「気」なの。

◎病気を治そうとしないのは、病気が好きな人

「病気は遺伝だ」とかって言います。

だけど、同じ兄弟でも病気しない人っているよね? 環境だって同じなのに、同じ兄弟で病気する人と病気しない人っているんです。

「食べもののせいだ」って言うけど、同じものを食べていても、平気な人とそうでない人がいるよね。それで、「なにが違うんですか?」っていうと「思い」と「考え方」が違うんだよ。

「自分は元気です」とか、「健康です」とか、言葉を変えちゃう。そうやって波動を変えちゃうと病気にならないんです。なっても治りが早いんだよ。

だからぜひ、試してみてください。

それで、こういう一銭もかからない良いことを教えてあげても、やらない人がいるの。それは病気が好きなんです。なぜかというと、病気って便利なの。だって都合が悪くなったら「具合が悪いんです」って言えばいいから。それで、行きたいときだけ「今日は調子がいいんです」と言って出てくる。これを覚えちゃうとね、手放せなくなっちゃうんです。それで、これもいけないんじゃないの。そういう人は「病気が好きなんだ」っていうことなんです。

だから、本当に病気が治りたいなら「私は健康です」って言えばいいんだよ。ものすごく簡単で、お金がかかるわけじゃないし、なんの損もないんだよね。

◎人を変えようとすると苦しくなる

次に、「猫背」の人が「犬背」になる話をします（笑）。

猫背の人って、考え方が重いんです。気が重いから猫背になっちゃうんだよ。だから、もっと〝気軽〟に生きればいいんです。考え方や思い方を、一個一個を気軽にするんだよ。

人は穏やかな気分がいいんです。穏やかで気軽。気楽でもいいんだよ。だから、もっと、「気」を楽にしてね。

一個一個の考え方が重い考え方をしていると、だんだんつらくなってきます。

それを「やめなさい」って神様は言ってるの。

この前、「ひとりさんファンの集まるお店」に来た人の話です。

その方の旦那さんがね、なんか強くて、否定的なことを言うんだそうです。

さらに、おじいちゃんもそうらしいの。それが二人に囲まれててね、すごいらしいんだな。それが何十年と続いてて、「どうしたらいいでしょう?」っていう相談なんです。

それに対して私は、こういうことを答えました。

まず、相手を変えようと思っちゃダメ。そして、気楽に聞いていればいいの。

なんでかというと、何十年も平気だったんだから本当は、今も平気なんです。

だから、もっと気楽にやんなって。明日からもっと、おじいちゃんの言うことも気楽に聞いていればいいんだよって言ったんです。

そしたらその方が、わぁ〜っと涙を流しながら「こんな解決方法があったのか」ってね。

あるんだよ。それをね、おじいちゃんをなんとかしようとか、旦那さんを変えようとかするから苦しくなるんです。

人って変わらないの。だから、人を変えるんじゃなくて、私たちがもっと気楽に受け止めるんです。

おじいちゃんがどう言おうが、旦那さんがどう言おうが、問題はそのことで振動数を下げたあなたがつらいんだよな。だから、私たちはいろいろな人がいても、自分の振動数を下げちゃいけないの。

◎出会った人の振動数を上げられる人になろう

人それぞれに振動数が上がることってあるよね。

女性なら買い物をすれば振動数が上がるとか、ほしいもののことを考えてたら上がるとかな。釣りが好きだとか。

あなたはなにか持っていますか？

私ならエロ本を買いに行くとか（笑）。

個人の自由だからね。私は私の振動数上げることを考えるの。みんなはみんなで好きなことを考えな。みんな自分なりに振動数を上げることってあるから。演歌を歌えば上がる人もいれば、クラシックで上がる人もいるんだよな。そして、そういう人を見たときにね、「あぁ、この人は振動数上げてるんだな」って思うの。

私たちは自分自身の振動数を上げる。すると魅力的になる。

それでさらに魅力的な人になる方法、明日から劇的に変わる方法を教えます。会う人、会う人の振動数を「上げてあげよう」って努力して人と接してごらん。魅力のない人は相手の〝アラ〟を探したり、振動数を下げるようなことをするんだけど、そうじゃなくて、相手の振動数を上げてあげようとして生きるの。

「ひとりさんファンの集まるお店」でも気軽に入ってくる人もいれば、お店の中に入る勇気がなくて、帰っちゃう人がいるんだよ。

それで、「入れなかったんです」って言う人がいたら、そういう人には「入れなくたって、家からここまで来たんだから、あなたは偉いよ」って。

入ってきた人なんか、「入ってきただけだって、大したもんだよ」とか「思ったことを行動してすごいな」って言ってあげる。

人間って、人に会ったとき「その人の振動数を上げるんだ」っていうつもりでいる人って、すごく好かれるんだよ。

今日は、私はみんなに会えて振動数が上がった。

みんなは私に会って振動数が上がったって言ってくれたら嬉しいし、こんなステキな会場で、こんなに美味しい料理を出してもらって、本当に振動数が上がったね。

大切なのは、この振動数を下げないこと。

下げて悪いことが起きるのは自分だよ。

だから、これからは下げない努力をする。

そして、みんなで上げあおう。

私たちが会ったときはほめあったりしてね。

みんなで人の振動数を上げる人間になろう。下げる人間になるのはよそう。

これからはステキな人というのは、会って振動数が上がる人。

お互いが上げあえる人。これが最高だよね。

はい。今日はこれで終わります。

斎藤一人さんのプロフィール

斎藤一人さんは、銀座まるかん創設者で納税額日本一の実業家として知られています。1993年から、納税額12年間連続ベスト10という日本新記録を打ち立て、累計納税額も、発表を終えた2004年までで、前人未踏の合計173億円を納め、これも日本一です。土地売却や株式公開などによる高額納税者が多い中、納税額はすべて事業所得によるものという異色の存在として注目されています。土地・株式によるものを除けば、毎年、納税額日本一です。また斎藤一人さんは、著作家としても、心の楽しさと、経済的豊かさを両立させるための著書を、何冊も出版されています。主な著書に『微差力』『眼力』『変な人の書いた世の中のしくみ』『人とお金』『おもしろすぎる成功法則』『地球は「行動の星」だから、動かないと何も始まらないんだよ。』（小社刊）、『絶好調』『幸せの道』『神様に上手にお願いする方法』（KKロングセラーズ）、『変な人の書いた成功法則』（総合法令出版）、『千年たってもいい話』（マキノ出版）などがあります。その他多数、すべてベストセラーになっています。

＜編集部注＞

読者の皆さまから、「ひとりさんの手がけた商品を取り扱いたいが、どこに資料請求していいかわかりません」というお問い合わせが多数寄せられていますので、以下の資料請求先をお知らせしておきます。

フリーダイヤル 0120−497−285

斎藤一人さんの公式ホームページ

http://saitouhitori.jp/

ひとりさんが毎日あなたのために、ついてる言葉を、日替わりで載せてくれています。ときには、ひとりさんからのメッセージも入りますので、ぜひ、遊びに来てください。

お弟子さんたちの楽しい会

◆斎藤一人 一番弟子　柴村恵美子

ブログ　http://ameblo.jp/tuiteru-emiko/

ツイッター　https://twitter.com/shibamura_emiko

フェイスブック　https://www.facebook.com/shibamura.emiko

◆斎藤一人・柴村恵美子会

http://www.shibamura-emiko.jp/

◆斎藤一人 感謝の会　会長 遠藤忠夫

http://www.tadao-nobuyuki.com/

◆斎藤一人 キラキラ★つやこの会　会長 舛岡はなゑ

http://www.kirakira-tsuyakohanae.info/

◆斎藤一人 人の幸せを願う会　会長 宇野信行

http://www.tadao-nobuyuki.com/

◆斎藤一人 楽しい仁義の会　会長 宮本真由美

http://www.lovelymayumi.info/

◆斎藤一人 千葉純一の今日はいい日だ　会長 千葉純一

http://chibatai.jp/

◆斎藤一人「ほめ道」の会　会長 みっちゃん先生

http://www.hitorisantominnagaiku.info/

◆斎藤一人 今日一日、奉仕のつもりで働く会　会長 芦川勝代

http://www.maachan.com/

斎藤一人　柴村恵美子の
楽しい公式ホームページが始まりました！
http://shibamuraemiko.com

斎藤一人　舛岡はなゑの
ブログが始まりました！
ふとどきふらちな女神さま
http://ameblo.jp/tsuki-4978/

斎藤一人　宮本真由美の
ブログが始まりました！
芸能人より目立つ！！
365日モテモテ♡ コーディネート♪
http://ameblo.jp/mm4900/

斎藤一人さん専属ライター　田宮陽子は
ただいまブログをやっています
晴れになっても雨になっても
光あふれる女性でいよう！
http://ameblo.jp/tsumakiyoko/

ひとりさんファンの集まるお店

引っ越しました！

（新小岩駅南口からアーケード街へ歩いて約３分）

全国からひとりさんファンの集まるお店があります。みんなひとりさんの本の話をしたり、CDの話をしたりして楽しいときを過ごしています。近くまで来たら、ぜひ遊びに来てください。ただし、申し訳ありませんが、ひとりさんの本を読むか、CDを聞いてファンになった人しか入れません。

住　所：東京都葛飾区新小岩1-54-5 1F
電　話：03-3654-4949
営業時間：朝10時から夜7時まで。年中無休。

ひとりさんよりお知らせ

今度、私のお姉さんが千葉で「ひとりさんファンの集まるお店」というのを始めました。
みんなで楽しく、一日を過ごせるお店を目指しています。
とてもやさしいお姉さんですから、ぜひ、遊びに行ってください。

行き方：JR千葉駅から総武本線
　　　　成東駅下車、徒歩7分
住　所：千葉県山武市和田353-2
電　話：0475-82-4426
定休日：月・金　　営業時間：午前10時から午後4時まで。

各地のひとりさんスポット

ひとりさん観音：瑞宝山　総林寺
住所：北海道河東郡上士幌町字上士幌東4線247番地
電話：01564-2-2523

ついてる鳥居：最上三十三観音第二番　山寺千手院
住所：山形県山形市大字山寺4753
電話：023-695-2845

大丈夫だよ、すべてはうまくいっているからね。

2015年7月25日 初版発行
2016年10月20日 第5刷発行

著　者　斎藤一人
発行人　植木宣隆
発行所　株式会社 サンマーク出版
〒169-0075
東京都新宿区高田馬場2-16-11
(電話)03-5272-3166

印　刷　共同印刷株式会社
製　本　株式会社若林製本工場

ブックデザイン　萩原弦一郎・藤塚尚子（デジカル）
本文DTP　ジェイアート
出版プロデュース　竹下祐治
Special thanks　こいずみあい
編集　鈴木七沖・高瀬沙昌（サンマーク出版）

ISBN978-4-7631-3483-7　C0030
ホームページ　http://www.sunmark.co.jp
携帯サイト　http://www.sunmark.jp

サンマーク出版のおすすめの本

斎藤一人の運を拓く教え

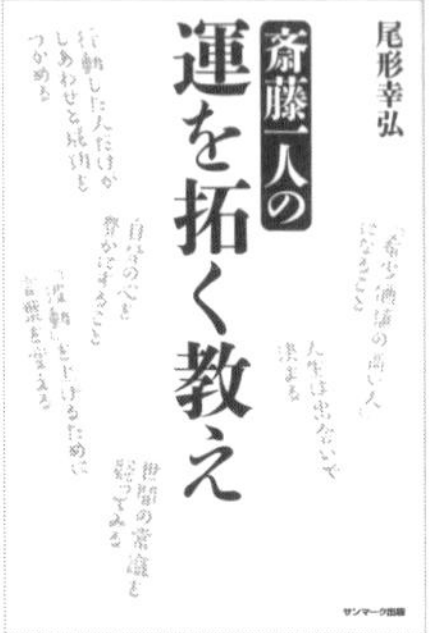

尾形幸弘［著］

定価＝本体 1500 円＋税

いつでも、どこからでも、運命は変えられる！！
自他ともに認めるダメダメ男を復活させた
大実業家の教えが満載の１冊！

「“心”が豊かな者はさらに“しあわせ”を与えられ、“心”が貧しい者はさらに“しあわせ”を奪われる」
運を拓くための教えとして、いちばん最初に人生の師匠から教えていただいた言葉です。心を豊かにするって、どういうことなんだろうか。難しく考えていた私は、のちのち師匠と話をしていく中で、それが実にシンプルで、かつちょっとした自分の心持ちひとつで心を豊かにする方法だと知りました。（「はじめに」より）

※電子版は Kindle、楽天 <kobo>、または iPhone アプリ（サンマークブックス、iBooks 等）で購読できます。